THE BEST OF

Francis Poulenc
vingt morceaux
pour piano

Francis Poulenc in twenty pieces for piano

DURAND SALABERT ESCHIG
Editions Musicales

recherche et compilation / *research and compilation*
Gérald Hugon

© 2007 Éditions Salabert

Tous droits réservés pour tous pays.
All rights reserved.

EAS 19971

Table des matières – Table of contents

pour Micheline Soulé

Valse

extraite de l'Album des Six

© 1920, E. Demets
Éditions Max Eschig
Éditions Durand, Paris, France

EAS 19971

Juillet 1919
Pont-sur-Seine

4

à Brigitte Manceaux

Troisième Improvisation

en si mineur

EAS 19971

6

1932

Cinquième Improvisation

en la mineur

© 1933 Rouart, Lerolle
Éditions Salabert
Paris, France

EAS 19971

1932

à Vladimir Horowitz

Valse-Improvisation

sur le nom de BACH

Allegro vivace (commencer un peu au dessous du mouvement puis presser progressivement jusqu'à la fin)

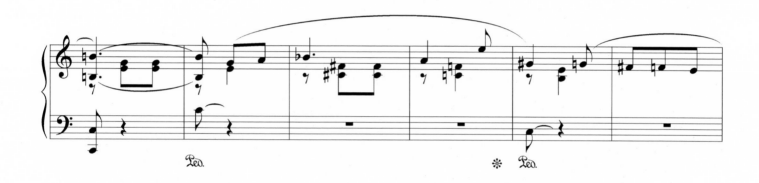

© 1933 Rouart, Lerolle
Éditions Salabert
Paris, France

EAS 19971

8 Octobre 1932
Noizay

à Jacques Février

Sixième Improvisation

en si bémol majeur

Le chant lié
l'harmonie très sèche

sans Ped.

sans céder

cédez un peu

m.d.

m.g.

p et clair

très expressif

mf

Novembre 1933
Noizay

à Jean Giraudoux et Louis Jouvet

Villageoises*

Petites pièces enfantines

1. Valse Tyrolienne

* On jouera de préférence ces pièces en les enchaînant.

EAS 19971

sans ralentir

2. Staccato

3. Rustique

4. Polka

5. Petite ronde

6. Coda

Février 1933
Montmartre

à Walter Gieseking

Humoresque

Prestissimo molto staccato

EAS 19971

à Édouard Bourdet

Suite Française
d'après Claude Gervaise

1. Bransle de Bourgogne

EAS 19971

Sans ralentir

Sans ralentir

2. Pavane

3. Petite marche militaire

4. Complainte

5. Bransle de Champagne

Modéré, mais sans lenteur (*)
mystérieux

(*) On jouera cette pièce d'une façon très précise en faisant ressortir alternativement l'une des quatre parties

6. Sicilienne

7. Carillon

Très animé-très gai (alla breve)

Octobre 1934
Noizay

à Madame Marguerite Long

Bourrée, au Pavillon d'Auvergne

7 Mai 1937
Noizay

à Claude Delvincourt

Onzième Improvisation

en sol mineur

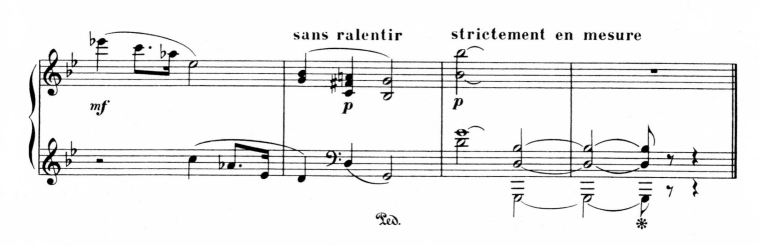

Juin 1941
Paris

à Edwige Feuillère

Douzième Improvisation

en mi bémol majeur
(hommage à Schubert)

EAS 19971

Novembre 1941
Paris

à Madame Mante Rostand

Intermezzo [nº 3]
en la bémol majeur

librement

ff céder un peu

a Tempo I°

toco

mf

Presque le double plus lent

p librement

m.d. **P**

pp

laisser vibrer sans pédale

*) respecter scrupuleusement ce doigté

Mars 1943
Paris

Treizième Improvisation

en la mineur

EAS 19971

72

Mars 1958
Majestic, Cannes

Quinzième Improvisation

en ut mineur
(hommage à Édith Piaf)

EAS 19971

Été 1959
Bagnols-en-Forêt